RAPPORT

SUR

L'EXPOSITION D'HORTICULTURE

OUVERTE A METZ LE 5 SEPTEMBRE 1843,

Par M. FOURNEL,

PROFESSEUR D'HISTOIRE NATURELLE.

Metz, typographie de DEMBOUR et GANGEL.

RAPPORT

SUR L'EXPOSITION D'HORTICULTURE

Ouverte à Metz le 5 Septembre 1843,

Par M. FOURNEL, Professeur d'Histoire naturelle.

Six ans se sont écoulés depuis que la première exposition d'horticulture s'est ouverte dans nos murs. En comparant les produits présentés à cette époque avec ceux dont nous allons rendre compte, on doit reconnaître un progrès réel, incontestable, dans les diverses branches de la culture des plantes ; le succès a dépassé toutes les espérances, et la foule empressée est venue de nouveau sanctionner par sa présence une innovation qui s'accorde si bien avec les goûts sages et modestes du pays.

Les produits de l'horticulture du département de la Moselle, et principalement des environs de Metz, jouissent depuis longtemps d'une réputation méritée. A l'époque de la domination romaine, tous les légumes et les arbres fruitiers susceptibles d'être acclimatés dans notre pays, furent transportés des contrées étrangères sur les rives de la Moselle; c'est de cette époque lointaine que date l'introduction du *melon* et du *concombre*, du *pêcher*, de l'*abricotier*, originaires de l'Inde, de la Perse et de l'Arménie; la *laitue romaine*, cultivée depuis longtemps en Italie, indique assez son origine; les *haricots* venus de l'Inde, l'*échalotte* importée de la Palestine, la *fève* échappée des bords de la mer Caspienne, et tant d'autres végétaux utiles ou agréables qui font aujourd'hui l'ornement de nos jardins, étaient inconnus à la population aborigène avant la colonisation de nos contrées par les Romains.

Pendant la domination des Francs, l'horticulture paraît être restée stationnaire. Cependant on accueillait encore avec reconnaissance les dons faits par les souverains étrangers. Parmi les présents magnifiques que Charlemagne reçut du calife Aroun-al-Reschid, figuraient des plants de légumes et de fruits de différentes espèces. A la mort de ce grand prince, l'horticulture retomba dans les ténèbres et la confusion avec toutes les branches de l'éducation du sol.

A l'époque de la découverte de l'Amérique, on vit se répandre en Europe une foule de végétaux inconnus; le *maïs*, la *capucine*, la *fraise ananas*, vinrent s'acclimater jusque dans nos contrées favorisées. Plus tard, Olivier de Serres éleva son *théâtre d'agriculture*, le *mûrier* fut planté sur nos coteaux, et tandis que le *châtaignier* disparaissait de nos forêts, abattu par l'incendie ou par les déprédations des villageois, Parmentier préconisait la culture de la *pomme de terre,* ce produit du nouveau-monde, déjà populaire en Angleterre, et que les misères de la révolution firent seules adopter en France.

Si nous ne craignions de dépasser les bornes d'un simple compte-rendu, nous pourrions tracer ici l'histoire du jardinage dans le Pays-Messin. Nous voudrions montrer au siècle dernier les Tschudy créant les magnifiques jardins de Colombey, propageant la culture des arbres résineux, inventant la *greffe herbacée,* qui permit d'acclimater les pins et sapins de l'Amérique, et de les faire vivre dans notre sol calcaire; nous essaierions de décrire tout ce que renfermait ce beau château de Lorry-devant-le-Pont, riche en plantes de serre, indigènes et exotiques; mais le *Dictionnaire des Jardiniers* et son supplément suffisent à la gloire du président de Chazelles et de ses collaborateurs Holandre et Tschudy. Les noms des Pirolle, des Couthier, de la famille Simon, sont bien connus de nos contemporains, et nous nous bornerons pour le moment au simple exposé des améliorations que le public a pu constater avec nous.

PREMIÈRE SECTION.

Plantes de grande culture, Légumes, Céréales.

MM. Simon-Louis frères; M. Saulnier (Jean), chef de culture; M. Caye-Aubert; M. Pierron (F.-D.); M. Pierron aîné.

Le lot de M. Saulnier (Jean), chef de culture, attaché depuis dix ans à l'établissement de MM. Simon-Louis frères, a constamment attiré et fixé l'attention du public et du jury par la beauté et la quantité des produits qu'il renferme. Toutes les nouvelles espèces ou variétés des légumes y ont des représentants. A cette longue énumération des plantes potagères que nous nous abstenons de donner ici, il faut joindre comme exemple des efforts que font MM. Simon-Louis frères pour introduire dans notre département tous les végétaux utiles, et en même temps comme exemple des ressources que l'on peut trouver dans leur établissement, plus de cent espèces ou variétés de froment, d'orge, de seigle et d'avoine. Ces Messieurs se plaisent à reconnaître que le développement considérable donné à ces diverses cultures est dû au zèle de M. Saulnier (Jean). C'est dans les champs du Sablon, de Montigny, de Plantières et de Borny, que le cultivateur, jaloux d'échapper à la routine, pourra choisir et vérifier sur pied chacun de ces nombreux végétaux alimentaires.

M. Caye-Aubert, de Montigny-lès-Metz, a exposé des racines-fourrages qui, par leur beauté, montrent qu'il est aussi habile dans la grande culture que dans l'art de former des pépinières.

M. Pierron (F.-J.) est un habile jardinier du Sablon, qui s'attache à cultiver les bonnes espèces de légumes. Ses produits, parmi lesquels on a remarqué de belles variétés de carottes, d'oignons et de choux, ont satisfait le jury, moins par leur nouveauté que par leur belle culture.

M. Pierron aîné, autre jardinier du Sablon, a exposé des variétés de pommes de terre et un melon d'Angers, à grosse broderie, encore peu répandu dans nos environs. Parmi les pommes de terre, le *fouyant chinois* présente tous les avantages des meilleures cornes, et s'accommode très-bien du sol léger et sablonneux de nos jardins maraîchers.

Enfin d'autres produits de même nature, sans avoir obtenu de distinctions spéciales, doivent cependant être mentionnés ici : ils ont été exposés par MM. Métry, de Magny ; Moreau aîné, du Sablon ; Pierre, de Metz ; Toussaint, du Sablon, et madame veuve Pierron, de Metz.

DEUXIÈME SECTION.

Fruits.

MM. Simon-Louis frères ; Merdier, de Nancy ; Blondin, de Metz.

MM. Simon-Louis ont présenté une nombreuse et très-belle collection de fruits provenant de leurs cultures. Plusieurs sont nouvellement introduits. Nous citerons en particulier le *beurré Mérode*, le *beurré Cockerill*, la *duchesse de Berry*, le *beurré de la Faille*, la *poire Suréne*, etc. ; dix variétés de *pêches d'Amérique*, et plusieurs belles espèces de *prunes*. MM. Simon-Louis doivent être félicités pour le soin qu'ils apportent à conserver les bonnes espèces et à répandre les fruits de qualité dans notre département.

M. Merdier, de Nancy, a présenté une *collection de poires* composée des meilleures espèces, anciennes et nouvelles, et très-bien nommées. Ces fruits sont élevés dans les pépinières de cet horticulteur et recherchés des connaisseurs. On a distingué les suivants : *poire Williams, duchesse d'Angoulême, beurré gris d'hiver*, nouveau ; *bergamote de la Pentecôte* :

cette dernière est très-répandue à Nancy ; on la mange de décembre en juin, et elle peut remplacer avantageusement une partie des fruits de cette époque. Diverses variétés de *pêches*, savoir : *Madelaine rouge,* id. *grosse violette hâtive,* id. *pourprée hâtive,* id. *grosse mignonne.* Ces pêches de la saison, greffées sur damas de semis, sont infiniment préférables, suivant M. Merdier, à celles greffées sur drageons.

M. Blondin a exposé une série peu nombreuse, mais bien choisie, des meilleures *poires beurrés.* Le *beurré de Picquery* et le *beurré Diel* ou *magnifique* méritent d'être propagés par les amateurs ; ces deux variétés sont excellentes.

On remarquait encore dans les lots des exposants qui figurent dans les sections suivantes, quelques espèces de fruits, et en particulier un *raisin Frankenthal* et un *raisin de Tokai,* présentés tous deux par M. Gloriot, de Nancy ; mais comme ils n'étaient pas entièrement mûrs, nous n'avons pu nous assurer de leur qualité.

TROISIÈME SECTION.

Pépinières, plantations de Mûriers, taille des Arbres.

MM. Simon-Louis frères ; M. Bouchy (Dominique), chef de culture ; M. Marchal, adjoint ; MM. Vaultrin, Gruet, Henrquelle, de Metz ; Lejeaille fils, de Moulins-lès-Metz ; Merdier, de Nancy ; Remy-Georges, de Metz.

M. Bouchy (Dominique). Sous le nom de cet exposant, chef de culture des magnifiques pépinières du Sablon, de

Plantières et de Borny, attaché à l'établissement depuis trente ans, MM. Simon-Louis frères ont exposé divers spécimens qui, par la beauté de leur végétation, ne peuvent manquer d'accroître encore la réputation qui s'attache aux productions du sol messin. Parmi les variétés qui leur sont propres, nous citerons un *Sorbier des oiseleurs à rameaux pendants ou pleureurs*; et parmi les variétés importées, mais élevées dans les pépinières de ces messieurs, des *Aulnes*, des *Bouleaux*, des *Charmes*, des *Châtaigniers*, des *Cytises*, des *Erables*, des *Peupliers*, etc., à feuilles laciniées ou panachées. Tous ces arbres, par leurs formes et leurs couleurs bizarres, méritent de figurer dans les jardins et les parcs à côté de leurs aînés. Nous ne disons rien des arbres à fruits, car, quelle que soit la méthode adoptée pour les tailler et les préparer, elle ne peut rien ajouter à la beauté et à la valeur du sujet tel qu'il doit être fourni par le pépiniériste, et, sous ce rapport, les arbres à fruits de l'établissement de MM. Simon-Louis jouissent d'une réputation européenne.

La Commission signale encore à l'attention de l'Académie et du public les *semis d'arbres verts* présentés à l'exposition. Il est difficile de rien rencontrer de plus avantageux. Ajoutons que ces semis, ainsi que ceux de tous les arbres forestiers, se font sur une très-grande échelle et sont dirigés avec une habileté qui témoigne hautement des connaissances de M. Bouchy et de son adjoint, M. Marchal.

M. Vaultrin. Au commencement de cette année, l'Académie avait distribué à plusieurs propriétaires et cultivateurs, des pieds de *Mûrier Lhou*, en les engageant à faire des expériences sur cette espèce précieuse, qui se multiplie facilement de boutures; M. Vaultrin, qui possède déjà des plantations importantes des mûriers ordinaires, ne s'est pas contenté d'élever les individus qui lui ont été donnés, il s'est procuré à ses frais trois cents nouvelles boutures, qu'il se propose de multiplier et de répandre dans le département.

M. Gruet, pépiniériste à Metz, est depuis dix ans professeur d'horticulture à l'Ecole normale. Il s'occupe spécialement de la culture des *arbres fruitiers* et des *Rosiers*, dont il a exposé une très-belle collection. C'est un jardinier habile, possédant bien la taille des arbres. Depuis dix-huit ans qu'il pratique son art, d'après les principes de la science, il n'a cessé de faire les plus grands efforts pour combattre les sots préjugés de la routine. Beaucoup de jardiniers et d'amateurs doivent à ses leçons les progrès qu'ils ont faits dans leur méthode de tailler les arbres.

M. Henrquelle a exposé des plants de *Mûriers Lhou* obtenus de boutures prises sur celles données par l'Académie. La végétation vigoureuse de ces exemplaires est une nouvelle preuve de la facilité avec laquelle ce précieux mûrier peut être propagé dans nos contrées.

Outre les arbres exotiques, et en particulier les *belles espèces de Chênes* présentées à l'exposition, que M. Lejeaille essaie de naturaliser dans le pays, la Commission a encore distingué des *arbres fruitiers* d'une belle venue et parfaitement préparés, élevés dans les pépinières de Moulins-lès-Metz. Un *Thuya orientalis filiformis* a aussi fixé l'attention des amateurs : c'est une variété très-remarquable de notre thuya ordinaire, à rameaux grêles et presque pendants, obtenue à Laval, chez Monsieur le général comte de Rumigny. Tous ces produits témoignent des connaissances de l'habile horticulteur qui les a exposés.

M. Merdier, de Nancy. Ce pépiniériste s'attache surtout à produire des arbres formés et en plein rapport, et c'est dans le but de faire connaître sa méthode qu'il a exposé quelques *Poiriers taillés en fuseau*, d'après le procédé de M. Choppin, encore peu répandu, sinon peu connu dans notre département. Plusieurs membres de la Commission n'ont pas paru pénétrés de la bonté et du mérite de cette manière d'élever les arbres fruitiers. Ils admettent bien, avec les propagateurs de la nouvelle méthode, que la taille en fuseau réunit les diverses conditions d'*élégance*, d'*agrément* et de *durée;* mais ils se refusent à croire que, par le sacrifice des nombreux bourgeons à feuilles que produit la taille très-courte de toutes les branches latérales, un arbre ainsi préparé donne en *abondance* et *longtemps* des fruits parfaits. Les avis sur la bonté et l'efficacité de ce procédé étant encore partagés, l'Académie croit devoir faire un appel aux pépiniéristes et aux nombreux amateurs de la contrée; elle les invite à faire des essais comparatifs sur les anciens modes de taille des poiriers et des pommiers, et sur la taille en fuseau, l'expérience pouvant seule résoudre complètement la question; d'ailleurs, le jury reconnaît le mérite des arbres de M. Merdier, qui a encore exposé diverses espèces d'*arbres fruitiers* bien élevés, des *arbres d'ornement et de jardins paysagers*, des *Épicéas* et *Mélèzes* repiqués plusieurs fois, très-beaux; enfin, des variétés d'*Ormes* greffés, d'Amérique.

M. Remy-Georges. La plupart des arbres présentés par cet exposant sont de jeunes sujets remarquables par leur greffe et par leur qualité. L'établissement de ce pépiniériste est encore nouveau; mais il doit prospérer, si son propriétaire continue à le diriger d'après les principes de la science, et c'est avec plaisir que l'Académie le voit entré dans cette voie.

Quoique M. Caye-Aubert et M. Dieudonné n'aient point obtenu de mention spéciale dans cette section, nous devons cependant rappeler ici leurs noms, bien connus du public. M. Caye-Aubert a produit *deux Pêchers espaliers* bien préparés, et *quatre quenouilles taillées en fuseau*. M. Dieudonné a présenté des arbres fruitiers, *Cognassiers, Pêchers, Pommiers, Pruniers* et plusieurs arbres d'ornement déjà connus. D'autres pépiniéristes et des amateurs ont aussi envoyé des produits analogues, mais ils sont arrivés trop tard pour être soumis à l'examen du jury.

QUATRIÈME SECTION.

Fleurs de pleine terre; Plantes de Serre et d'Orangerie; Dahlias, etc.

MM. Holandre, de Metz; Simon-Louis; Topff (Alfred), chef de culture; Bouchy (Jean), adjoint; Gloriot, de Nancy; Biessdorff (Antoine), de Metz; Adam; De Cressac, de Metz; Mer (Al.), de Guentrange; Barthelemy, de Vigny; Dubras, d'Uckange; Jacquin; Stadel, de Metz; Clause, chef de culture chez MM. Simon-Louis frères.

Une belle culture et la variété des *Pétunias* exposés par M. Holandre prouvent avec quels soins notre savant botaniste s'occupe de ses collections. Celui qui a si bien décrit les plantes de nos environs ne pouvait rester étranger à une exposition d'horticulture, et ici, comme dans la science, il a su se placer au premier rang.

Des plantes rares et précieuses composent la collection de serre tempérée et d'orangerie exposée sous le nom de M. Alfred Topff, chef de culture à l'établissement de Plantières de MM. Simon-Louis. Nous ne pouvons énumérer ici toutes les beautés qu'elle renferme; il suffira de dire qu'elle est au courant des nouveautés les plus récentes dans tous les genres; un *Lilium lancifolium* en deux variétés, *album* et *rubrum*, comptait au nombre des importations les plus remarquables. L'établissement de Plantières, si habilement dirigé par le jeune chef dont nous reconnaissons le mérite, s'élève au niveau des plus belles institutions de ce genre; la multiplication des *Camelias*, des *Ericas*, s'y fait sur une grande échelle et d'après les règles positives de la science. Enfin, les *Dahlias* qui figurent sous le nom du même exposant rivalisent avec ce que le jury a reconnu de mieux en ce genre. Nous ajouterons, pour être juste envers tout le monde, que M. Alfred Topff est bien secondé dans ses travaux par M. Bouchy fils.

Les fleurs et les plantes de serre exposées par M. Gloriot offraient un coup d'œil magique, tant par l'infinie variété de coloration de ses *Dahlias*, que par la richesse de sa nombreuse collection de *Fuchsias*. Nous ne citerons pas les autres espèces qui ont attiré notre attention, parce qu'il faudrait les nommer toutes. Nous mentionnerons cependant un *Clerodendron splendens* qui fleurit pour la première fois dans nos contrées, et nous répéterons que la riche collection de dahlias, composée de deux cent cinquante variétés, mérite toute l'attention des amateurs. D'ailleurs, nous ne pouvons rien ajouter à la réputation de l'habile fleuriste de Nancy.

L'ensemble de l'exposition faite par M. Antoine Biessdorff ajoute encore à la bonne opinion que nous avions depuis longtemps du talent de cet horticulteur, aussi modeste qu'il est habile dans son art. La Commission a surtout remarqué cinq magnifiques *Fuchsias* à haute tige, élevés en boules et en pyramides. Cet exemple montre le parti que l'on peut tirer de ce genre, si remarquable par l'éclat de ses fleurs, pour la décoration des jardins et des terrasses.

M. Adam, ancien pharmacien à Metz, est un amateur distingué qui, depuis longtemps, s'occupe avec succès de la culture des plantes. On lui doit l'introduction dans notre département, de plusieurs espèces nouvelles. Ses fleurs sont élevées et disposées avec un art admirable. Sa collection de *Cactus* a surtout attiré l'attention du jury par sa belle végétation et la variété de ses formes. Les *Cactus azureus, glaucus, virens, spinulosus, Epiphyllum violaceum, rubrum*, sont de belles nouveautés, ainsi que le *Portulaca Thellusonii*.

M. Clause. Le lot de cet exposant se recommande par le joli choix des plantes qui le composent. La culture des fleurs de pleine terre a pris depuis quelques années une extension considérable dans l'établissement de MM. Simon-Louis: c'est un véritable progrès que nous nous plaisons à constater. L'Allemagne avait jusqu'à ce jour le monopole de la culture en grand des fleurs de pleine terre, annuelles, bisannuelles et vivaces; de la vente en gros des graines de ces mêmes plantes. En créant la section de cette culture, MM. Simon-Louis ont fait cesser ce monopole; leurs produits sont exportés, et déjà ils rivalisent avec ceux de nos voisins.

D'un autre côté, n'est-ce pas le meilleur moyen de répandre

le goût des fleurs, que de les exposer journellement à la curiosité du public? Sous ce rapport, le jardin de la porte Saint-Thiébault est une véritable école, habilement dirigée par M. Clause.

Les *Dahlias* de M. de Cressac ont non-seulement le mérite de la nouveauté, mais encore celui d'être nés aux portes de Metz. Ils proviennent des semis que fait chaque année cet amateur distingué dans ses jardins de Rivage. Leur pureté et leur élégance sont au-dessus de tout éloge, et témoignent des soins que M. de Cressac apporte sans cesse au perfectionnement d'une fleur déjà si répandue et toujours estimée.

M. Al. Mer, de Guentrange. Depuis quelque temps les *Pétunias* ont subi une transformation complète entre les mains des fleuristes et des amateurs. Dans les lots des autres exposants, nous avons remarqué des variétés dignes d'être conservées; mais aucune ne peut soutenir la comparaison avec celles de M. Mer. Les variétés de semis obtenues par cet amateur se distinguent par la grandeur et l'éclat de leurs corolles, la pureté de leurs formes, et une heureuse harmonie dans la disposition des couleurs. Ce sont de *véritables perfections*.

Les nouvelles variétés de *Pelargoniums* obtenues par M. Barthelemy, de Vigny, ont aussi fixé l'attention des connaisseurs et du jury.

M. Dubras, d'Uckange, a exposé un cadre de *Dahlias*. Les plus remarquables proviennent de ses semis. Cet amateur possède de jolies choses en ce genre, et nous regrettons qu'il n'ait pu soumettre au jury une collection plus complète.

On a aussi remarqué un beau choix de plantes de serre tempérée, exposé par M. Jacquin, amateur distingué.

Enfin, le lot de M. Stadel (Jean), renfermant les seules plantes de serre chaude qui aient figuré à l'exposition, a satisfait le jury par la vigueur de la végétation des beaux *Mimosas* qui le composent.

Le zèle de celui qui les a élevés doit être mentionné.

Quoique l'Académie se soit interdit toute espèce de distinction en faveur de ses membres résidents, elle croit devoir reconnaître, et elle proclame publiquement, que la part la plus large dans les progrès de l'horticulture du département appartient à MM. Simon-Louis frères; elle est heureuse de leur adresser ici ses félicitations au nom du pays qu'elle représente par sa position scientifique.

www.ingramcontent.com/pod-product-compliance
Lightning Source LLC
Chambersburg PA
CBHW061627040426
42450CB00010B/2703